РекЛайфинг -

возроди себя к жизни!

Нехама Мильсон

16 декабря 2012 года в г. Коламбус штат Огайо США, в небольшом уютном домике, где проживает дружная семейка Мильсон, раздался крик "Вот оно!!! Я нашла". Это был момент встречи Нехамы с делом ее жизни - практикой РекЛайфинг. Именно в этот момент врач, начинающий писатель и многодетная мама Нехама Мильсон поняла, что все, чему она училась на протяжении жизни, все богатство ее знаний и умений, богатый опыт лечения и целительства, помощи разным людям в разных ситуациях, диссертация и исследовательская работа в различных направлениях медицины, психологии и философии, все это сливается в единую, стройную и логичную систему, практику возрождения жизни, recover of life, РекЛайфинг.

Нехама Мильсон

ПРЕДИСЛОВИЕ

Я мог бы заработать много денег, если бы был здоровым!

Я мог бы заняться здоровьем, если бы у меня были деньги!

Я бы преуспел в бизнесе, если бы семья поддерживала меня.

Я смог бы создать семью, если бы мой бизнес был бы стабильным.

Я стал бы заниматься спортом, если бы у меня было время.

Я успевал бы намного больше, если бы у меня была энергия.

Я был бы счастлив, если бы похудел.

Я бы мог похудеть, если бы диета не была бы такой тяжелой.

РекЛайфинг - возроди себя к жизни!

Все эти «Я бы…, если бы…» имеют один корень, одну крону и один ствол, а, следовательно, и один путь к разрешению.

С точки зрения Мироздания, нет абсолютно никакой разницы между болезнью, безденежьем, безбрачием и забитой трубой. Все это суть проблемы физического плана и возникают по одной схеме, и по одной же схеме решаются.

Что бы раз и навсегда понять коренную идею **Реклайфинга (RecLifing)** нужно только принять условное разделение структуры личности на четыре этажа, или уровня – физический, эмоциональный, ментальный и духовный. Повторюсь, это разделение условно, и при более глубоком понимании, каждый этаж можно подразделить на подуровни, но для нашей цели, в этом нет необходимости. А что является нашей с вами целью, как впрочем, и целью создания системы **Реклайфинг**? **Счастье**. Да, да, вот так коротко и прозаично. Мы с вами хотим быть счастливыми. А для полного и безоговорочного счастья желательно бы нам быть:

- Здоровыми (физический уровень)
- Богатыми (физический уровень)

- Красивыми (физический уровень)
- Веселыми (эмоциональный уровень)
- Уверенными в себе (ментальный уровень)
- Окруженными друзьями и близкими (сочетание эмоционального и ментального уровня)
- Спокойными за свое будущее (ментальный уровень)
- Решить для себя вопросы, связанные со смыслом жизни (духовный уровень)
- А еще, что бы чувствовать себя счастливыми, нам нужна Любовь. К мужу или жене, детям, родителям, работе, друзьям, родине, Миру (духовный уровень).

Эта книга о том, как стать счастливым, и как счастливым быть.

Совершенно не важно, где вы находитесь сейчас. Возможно, вы здоровы, но не богаты. А может быть здоровы, богаты, но разведены. А может у вас все прекрасно, и вы хотите видеть счастливыми всех окружающих. Или, не дай Бог, вы уже придумываете способ уйти из этого Мира.

РекЛайфинг -
возроди себя к жизни!

В любом случае эта книга для вас!

Я желаю вам получить удовольствие от чтения, и еще, я желаю вам Счастья! Ведь даже, если вы сможете сделать счастливым только себя, только на один день, в Мире увеличится количество Счастья. И, поверьте мне, Мир воздаст вам за это благодарностью.

ЧТО ТАКОЕ ЖИЗНЕННЫЕ ПРОГРАММЫ И КАК ОНИ РАБОТАЮТ

Любое явление физического плана, будь то здоровье или болезнь, повышение зарплаты или увольнение, начинаются на самом верхнем этаже Личностного Строения, на уровне Духовности. В норме, именно Свет, исходящий от Души освещая нижние этажи, позволяет нам принимать правильные решения, испытывать позитивные эмоции и получать радующие результаты на физическом уровне. Это называется Целительной Жизненной Программой.

В другом случае, Духовный Свет оказывается блокирован. Причину такого блока, мы с вами рассмотрим отдельно в главе «Пусковой механизм». Не получая живительной силы Души, напрямую связанной с Творцом, Разум обречен на неправильные решения. Источником этих решений оказываются Ментальные Установки, Воспоминания, чужое мнение, чуждые этические или нравственные нормы и т.д.

Соответственно, решения принятые на

основании негативного ментального материала, ведут к отрицательной окраске эмоций. Понятно, что вывод «я никудышная мать», основанный на воспоминании об упреках родителей, приправленный ментальной установкой «Дети относятся к своим родителям так же, как те относились к своим», умноженный на искусственно созданный обществом «образ хорошей матери», не вызовет ни радости, ни покоя. А вызовет, скорее всего, чувство вины, обиду и подавленность.

Каждой эмоции соответствует функциональное нарушение на физическом плане. Это не всегда болезнь. Это может быть любое проявление материального плана, например поломка в машине. В случае с «поломками» в теле, через какое-то время, функциональные нарушения становятся органическими (как например повышенный холестерол приводит к формированию холестероловых бляшек и инфаркту). Это пример Болезнетворной программы.

В приложении «таблица эмоционально-физических соответствий» я привожу некоторые, наиболее частые соответствия. Более подробно этот вопрос освещается в курсе обучения в Международной Школе

Нехама Мильсон

РекЛайфинга Нехамы Мильсон

ОБ АЛИСЕ И СУЩНОСТИ

Алиса была хорошей женщиной. Доброй, не глупой и работящей. Всякое, конечно случалось… Нервы, сами понимаете, бывает, сорвется, накричит… Вот в один из таких срывов и появилась наша героиня. Не буду разглашать ее имя, ведь она, в сущности, ни в чем не виновата. В сущности… так ее и назовем, условно, Сущность.

Сущность получилась качественная, крупная, агрессивная. Залюбуешься. Поселилась она на 4 этаже, который носит красивое название – Духовные Сферы, и начала оттуда Алисе сигналы посылать. И плохие новости подсовывала, и сомнениями терзала, и случайные встречи режиссировала, выход к Небесам замуровала. Бедная Алисина Душа криком кричала, пощады просила, но Алиса ни чего не слышала и не замечала. С интересом обсуждала плохие новости, проходила, раздраженно, мимо важных встреч, горевала о потерянном смысле жизни, совсем перестала смотреть на звездное небо.

Пришлось Сущности спустится ниже, на 3 этаж, Ментальную Сферу. Тут было еще раздольнее. Душа своими воплями не мешала, а Разум, такой, милашка, оказался сговорчивый! Что ему не скажешь, всему верит. Уж Сущность наша разошлась, соорудила чудную конструкцию из мыслей о собственной никчемности, о враждебности Мира, о вине родителей в Алисиных бедах. В окна этого сооружения вставила серые стекла недоверия. Стены оклеила картинками из прошлого, изрядно подправленными в фотошопе, не в лучшую, как вы понимаете, сторону. Алиса крепко задумалась на заданные Сущностью темы и сделала ожидаемые выводы. Во всех неудачах были обвинены родители, школа и первый муж. Виноватых следовало примерно наказать! Сущность не дремала, подсказала способы. Конечно, а что же накажет родителей горше, чем очередной развод дочери? В пику учителям, не оценившим бывшего – будущего гения, Алиса завалила проект, и слетела с работы. Утешая себя сплетнями о первом, а заодно и втором (тоже уже бывшем) муже, Алиса заедала болтовню пирожными и тортиками. Вновь приобретенные 15 кг. зафиксировались лозунгом: "Пусть плачут те, кому мы не достались... Пусть сдохнут те, кто нас не захотел!!!". На этом этаже Сущности делать было уже нечего. Победа полная и окончательная!!!

Второй этаж был Царством Эмоций. Здесь и повоевать не пришлось. Почва для бескровной оккупации была подготовлена состоянием третьего этажа. Депрессия материализовалась легко, артистично, Сущность даже загордилась собой. Ну не без хлопот, конечно, не без хлопот. Сбегала наверх, набрала грустных воспоминаний, добавила несбывшихся надежд, замешала на обиде. Этим растворчиком замазала все входы в прошлое, что бы случайно Алисе в голову не пришло пойти туда старые раны залечивать. Все ж от заботы, все на благо хозяйке! Не надо ей болезненных воспоминаний, не надо горькой правды. Вот бочка слез, не хватит, еще позаботимся. Ими так удобно омывать свою загубленную жизнь. А вот коробочка Тоски, подсластить одиночество. Отсутствие денег будем лечить Страхом, безработицу Гневом. В сумочку не забыть положить пилюли Обиды, пригодятся, когда к родителям поедет.

Сущность оглядела сотворенное, отерла лоб и, удовлетворенно хихикнула. Хороший материал попался, податливый!

На первом этаже пришлось попахать! А как вы думаете, легко? Так и бегает бедняга Сущность вверх – вниз, вверх – вниз. Со второго этажа Страха принесет, на сердце положит, остатками позвоночник обернет. Обиду в желудок зальет, гневом печень пропитает. С третьего этажа не сбывшихся надежд натаскает, вокруг талии обложит, злость на себя в поджелудочную железу закачает. Не легко, что и говорить. Но зато результаты! Загляденье! Ожирение, гипертония, гастрит, сахарный диабет! А Алиса тоже не ленится, своим недоверием к Миру отогнала от себя деньги, новую машину. Недовольство судьбой положила на порог, что бы Любовь не прошла. Ну и окружение тоже помогло. У них же ведь тоже Сущности не промах! Убедили Алису, что от ожирения у нее обязательно будет инфаркт, заставили таблетки от депрессии пить. Красота!!! Сущность разрослась, заматерела, теперь ей уже не приходится по этажам бегать, ее хозяйство управляется автоматически. Иногда, правда прорываются вопли Души с четвертого этажа, но, слава Депрессии, все реже и реже.

Беда, как всегда, грянула неожиданно. И откуда только взялась эта подружка! Ведь Сущность позаботилась окружить Алису такими же горемыками. И вдруг… Из далекого далека, из школьных лет, прискакала Эта, бессущностная! Смотреть противно. Лицо сияет, платье желтое, как цыпленок, глаза смеющиеся, пройти, как человек не может, все бегом да вприпрыжку, не говорит, тараторит! Алиса, хорошая девочка, пыталась ее занятостью отвадить, да нет, куда там! Как клещ вцепилась. Диск принесла. Сущность с Алисой его так запрятали, что потом, сколько ни делали вид, что ищут, так и не нашли. А Та, неугомонная, всем друзьям диски раскидала. И ведь нашлись же такие, что и послушали. И посыпалось со всех сторон "RecLifing, RecLifig". И кому он нужен? У нас и так все хорошо.

Беда не приходит одна, ударили Сущность ее же оружием. Она так доверяла этому слогану "Ну вот, я же делаю все, что могу, но мне ни чего не помогает", что упустила момент, когда он подсунул Алисе диск. Тоже ведь не обвинишь, он то как лучше хотел...

Ох, и худо же пришлось Сущности от этого Реклайфинга! Вымел он ее сначала с первого этажа. Прошел светящейся метлой по кишечнику, печени, бронхам, запустил ядовитые для Тоски и Обиды травы в кровь.

Взял Алису за руку, и повел ее по всем

закоулкам памяти, плескал Прощением на закупоренные Сущностью двери, распахивал их, выпускал оттуда Обиду, выгонял Страх, селил на их место Любовь. Депрессия, бедная, захирела и исчезла. На третий этаж они уж и не шли. Любовь подняла их на своих крыльях. Реклайфинг посветил Светом Любви на Родительскую Вину, и Алиса увидела вместо нее Родительскую Заботу, под Непризнанием оказалось Восхищение. Хуже всего вышло с бывшими мужьями… Реклайфинг заставил Алису выпить с ними бутылочку Всепрощающего Эликсира, и они уехали в дальние страны со своими новыми, счастливыми семьями, а Алиса им еще и пирожки в дорогу напекла.

И тут Алиса услышала Зов. Это ее Душа, наконец то, докричалась, достучалась до нее. Алиса, не дожидаясь своего спутника, не нуждаясь уже в чужих крыльях, взлетела на 4 этаж. Там, обнявшись со своею исстрадавшейся в ожидании душой, она заплакала. Слезы ее, чистые, светлые, промыли выход к Небесам. И тогда Душа запела. Это была прекрасная песня, древняя как Женщина и целебная как Любовь. В ней не было слов, и все же она была Молитвой. В ней было все, что Алиса потеряла и нашла вновь. Любовь к Миру, Благодарность к его

РекЛайфинг -
возроди себя к жизни!

Создателю, Счастье Жить, Доверие Судьбе и Любовь, Любовь, Любовь, Любовь... А рядом стояла просветленная и счастливая Сущность. Она тоже плакала и пела. Плакала, потому, что ей теперь придется расставаться с Алисой, а пела от Счастья, напоенная Любовью и освященная Прощением.

ПУСКОВОЙ МЕХАНИЗМ

Давайте разберемся, как и почему реализуется та или иная Жизненная Программа. Мы говорили о том, что Целительная Программа появляется тогда, когда нижние этажи получают достаточно энергии с Духовного уровня. Душа напрямую связана с Небесами. Вы можете называть это так, как вам удобно и привычно: Небеса, Бог, Divinity, Высший Разум, Вселенная, Мир, Природа и т.д. Для меня все эти имена, разные характеристики одного, Всесильного Творца Мира. Он несет Абсолютную Любовь. Душа, связанная с Ним также является носителем Любви. То есть, Болезнетворная Программа реализуется тогда, когда нижним этажам не хватает Любви. Каким же образом этот поток блокируется? Кто лишает мой Разум Света Любви, помогающего ему принимать верные решения? Я рада принести вам утешительную весть! Нет никакой внешней силы, стремящейся испортить нашу жизнь. Поток Света по законам обратной связи «управляется» нашим с вами поведением, мыслями, действиями, и, самое главное, словами!

Заряд энергетического потока, направляемого нами в Мир (по отношению к Миру, людям, себе) определяет поток Энергии, направляемый Душой на нашу жизнь.

Я не рассматриваю здесь случай, когда блок находится на самом высоком подуровне – между Небесами и Душой человека. Такие люди, скорее всего не читают подобных книг, так как, находясь в кромешной тьме, ничего не ищут. Но на уроках Международной Школы Реклайфинга Нехамы Мильсон, мы обязательно будем говорить о них.

О конкретных примерах запуска Программ, наша следующая глава.

СЛОВА, СЛОВА…

Все мы с вами обладатели живого чувства юмора. Кто воспринимает всерьез такие шутливые фразы как:

Все будет хорошо, да не сейчас и не у нас.

(Как дела?) Хорошо, только никто не завидует. (Или) На букву X, не подумай, что хорошо.

Жизнь бьет ключом, да все по голове.

Или вот, фраза, выражающая восторг, у одного моего друга «Я хочу, чтобы меня здесь похоронили».

Привычный, по-доброму шутливый ответ, на «спасибо» - «приятно подавиться».

Вы меня, конечно, простите, но чего ИМЕННО вы ожидаете от жизни, произнося такие «заклинания»?

Представьте себе, что к вам пожизненно приставлен, очень просто устроенный, ангел, функция которого доносить до Небес ваши пожелания в неизмененном виде. То есть он юмора не понимает, намеков и иносказаний не воспринимает. Как в том анекдоте:

Стоит мужик в автобусе и думает: «Эх, жена клуша, сын идиот, начальник сволочь, жизнь мерзкая...», стоит около него ангел, записывает все в блокнотик и говорит: «Какие странные пожелания.... Но приходится ведь исполнять!»

Вы можете сказать мне, что невозможно контролировать все свои мысли и слова. Но на самом деле, этому научиться легче, чем работе на компьютере, а ведь с этой задачей вы вполне справляетесь, раз читаете сейчас эту книгу. Просто всякий раз помните об ангеле. Тем более, что эта упрощенная модель, не так уж далека от истины.

Особой разрушающей силой обладает злословие. В этом случае тяжело страдают три человека, говорящих, слушающий, и тот о ком говорят. Я лично проводила эксперимент с энергетической рамкой*. Исследовалась простая водопроводная вода в двух стаканах. До эксперимента рамка демонстрировала легкую негативную энергию (движение против часовой стрелки). Затем, над одним стаканом произносились банальные сплетни, а над другим признание в любви. После этого (исследователь не знал, где какой стакан), над первым стаканом рамка показала мощную отрицательную энергию, а над вторым сильнейшую положительную. Представляете, что мы с вами пьем, болтая «обо всем на свете» с чашечкой чая в руках?

Часто приходится слышать «я вовсе не злословлю, это ведь чистая правда». Но, к сожалению, должна вас заверить, что любая отрицательная информация о человеке, является злословием.

Не забывайте, что наш ангел «слышит» не только произнесенные слова, но и мысли. О чем вы подумали, испугавшись резко затормозившей перед вашим носом машины? Вот, вот….Теперь добавим, что в Мире работает закон «благословляющий - благословлен, проклинающий - проклят», то есть, желая чего-то ближнему (и не очень), вы получите желаемое ему первым. Так что вы там заказали ангелу?

Я давным-давно приучила себя к «проклятиям» типа «да, чтоб ты был здоров!», «дай тебе Бог до дома добраться!». Вы будете смеяться, но один мой не дружелюбный знакомый, который частенько меня обижал, таким образом, избавился от гипертонии, и изрядно поправил свои анализы. Ведь я по нескольку раз в день, натыкаясь на очередную его пакость, с чувством произносила «чтоб ты был здоров!!!!»

*Энергетическая рамка – металлическая рамка в форме буквы Г или П, которая движется в руке исследователя по определенным законам, подчиняясь мелким сокращениям мышц, реагирующих на сигналы подсознания.

РЕАКЦИИ И ДЕЙСТВИЯ

Помимо слов на проходимость энергетического канала «Душа-Разум», воздействуют наши реакции.

Например, падает из рук тарелка. Реакция разрушительная: «Ребенок крутится под ногами, из-за него споткнулась», «Муж не убрал тарелку, виноват». Реакция не менее разрушительная «Что же я натворила, за какую провинность заплатила?». Обвинение разрушительно в любом случае, не важно, кого вы обвиняете, себя, или другого. Реакция созидательная «И лист не падает без воли Небес, а все что происходит по Их воле, мне на пользу. Спасибо!!!» Стоит себя приучить к повсеместной и постоянной благодарности Миру, за все происходящее, и ответы на вопрос «для чего мне, к какому конкретно моему благу произошло то, что произошло?» станут появляться сами.

Действия, самое материальное из проявлений нашего поведения. Вернемся на дорогу. Нас снова подрезает не аккуратный водитель. Можно начать сигналить, обогнать его, резко затормозить перед его машиной, можно даже выскочить из машины и накинуться на него с криком. Доведем ситуацию до абсурда, наверно можно даже побить его! Все это увеличивает в Мире количество Зла. Мы с вами живем в этом Мире, нам с вами это зло и расхлебывать... А можно подумать, что, возможно у него рожает жена, пожелать ему удачи в пути. Соседка без конца скандалит, не дает проходу, распускает гадкие сплетни? Можно выпустить в Мир поток негатива, и, например, нахамить, или подстроить какую-нибудь пакость (честно пыталась придумать пример, фантазии не хватило ☺), а можно прийти и предложить помощь, или просто чаю попить с одиноким человеком. Ведь никто не наносит вред окружающим от избытка счастья... В ее\его жизни не хватает тепла и любви. Дайте им недостающее, и Любовь породит Любовь. Вы умножите количество Добра в Мире, и он вам воздаст Добром.

ПРОКЛЯТИЯ И БЛАГОСЛОВЛЕНИЯ

Проклятия, благословления, заклятия, установки – все это имена одного и того же явления. Для удобства использования терминологии, назовем их вербальными (словесными) воздействиями. Нам привычно думать, что проклясть может только маг или колдун, благословить праведник или святой. Или уж, по крайней мере, человек, который точно знает, что и как нужно делать. На самом же деле, мы благословляем и проклинаем на каждом шагу, и, в зависимости от эмоциональной насыщенности фразы/действия, намерения и личной силы, эти благословления/проклятия меняют жизнь в разной степени. Сильнее всего работают установки данные матерью, во-вторую очередь любой женщиной. С мужскими вербальными воздействиями дело обстоит чуть сложнее, мы обсудим это в дальнейшем.

Сказано, что с небес на землю спущено 10 мер силы слова, из них 9 досталось женщинам. Поэтому, все, что связано со словами, дается нам легче. Женщина магична по своей природе.

РекЛайфинг -
возроди себя к жизни!

Она связана с небесами на прямую. Ей не нужны для разговора с Творцом ни формальные тексты молитв, ни специальные условия, ни определенное время. Только устремление к Создавшему Все Сущее и слова, идущие от сердца. Мужчина же создан иначе. Для связи с Небом, он нуждается в определенных условиях, и одним из этих условий является совместная молитва. То есть, конечно, обращение каждого создания достигает Трона Всевышнего, но есть огромная разница, между молитвой одиночки и совместной молитвой. И это касается только мужчин. Минимум, необходимый для усиления молитвы, благословления или другого воздействия – 10 взрослых мужчин. Причем, как вы понимаете, в тех слоях, где срабатывают благословления и проклятия нет времени и места. Поэтому вербальные воздействия 10 значимых в жизни объекта мужчин могут производиться не одновременно. Каждое воздействие работает само по себе, а накопление 10 мужских воздействий срабатывает как результат ядерного взрыва. А женщины… такой результат получают в одиночку.

Рассмотрим простейший пример. Расстроенная дочь подходит к маме со словами: "У меня не получился рисунок". В высших сферах не рассматривается рисунок. Там это звучит: "Я не смогла получить то, чего хотела". Мама отвечает: "Ничего, в следующий раз получится". Если мама действительно имеет в виду то, что говорит, то она наполняет фразу энергией сожаления о разочаровании ребенка, любовью, верой в то, что с этого момента у нее всегда все будет получаться и ожиданием совместной радости от успеха. Умножаем все это на силу материнского воздействия на судьбу ребенка, и получаем мощное благословление на успех. Заметьте на успех во всем, а не только в рисунках. Если же мама имела в виду: "Отстань, не до твоих рисунков", то она пропустила через свои слова энергию нежелания слышать об успехах/не успехах дочери, раздражения и отсроченности. В результате, сама того не желая, вполне любящая мама, наложила на дочь проклятие не удачу. Теперь у девочки "все будет в следующий раз". Всегда.

Папа кидает дочери: "Ты никогда ничего не делаешь как надо!!!". Проклятие работает, но завуалировано и периодически, выражается в некоторой неуверенности, сомнениях, попытках избежать активных действий. Но на протяжении юности – молодости, другие значимые мужчины (брат, друг, учитель, ухажер) говорят "безвредные" фразы, типа: "Никто и не ждал, что ты успеешь к сроку", "У тебя как всегда все никак у людей", и, в один совсем не прекрасный момент, количество мужских вербальных воздействий достигает 10, и срабатывает настоящее проклятие.

Причем, что особенно обидно, что "откат" поражает каждого из десятерых в полной мере. Исходя из закона «благословляющий – благословен…», благословляя человека, мы обеспечиваем себе подобное благо, проклиная – подобную беду. Поэтому «откат», связанный с нашими вербальными воздействиями значительнейшим образом влияет на наше существование. Стоит ли объяснять, что попытки найти виновного в «сглазе» или «проклятии» жизни того, кто допустил «речевую оплошность» не приведут к успеху, так как воздействие совершил он сам!

?

ЧТО ТАКОЕ РЕКЛАЙФИНГ, И ЧЕМ ОН НАМ ПОМОЖЕТ?

Реклайфинг это английское сокращение **RecLifing - Recover of Life** – возрождение жизни. **Реклайфинг** занимается изучением законов формирования жизненных (Целебных и Болезнетворных) программ, методов их контроля, очищения и оздоровления на четырех уровнях бытия (физическом, эмоциональном, ментальном и духовном). Мы учимся очищению на всех уровнях.

- Начинаем с «генеральной уборки» физического уровня. Из нашего тела, а также физического пространства, нас окружающего, нужно вычистить последствия прежних болезнетворных программ.

- Параллельно мы учимся грамотно и с любовью пользоваться этим бесценным партнером – нашим телом.

- Затем мы проходим не легкий этап очищения от негативных эмоций, учимся

РекЛайфинг -
возроди себя к жизни!

правильному   реагированию, привлекающему в нашу жизнь Свет Любви.

- Открываем все заблокированные участки памяти, освещаем негативно окрашенные воспоминания и учимся переживать их заново, с пользой для себя.

- Распахиваем объятия своей Душе, овладеваем умением слышать ее голос, принимать от нее поток Любви, управлять этим потоком, увеличивая количество Любви в Мире

- Изучаем различные пусковые механизмы, реализующие Жизненные Программы, учимся контролировать их, отменяя запуск Негативной Программы и вводя Целебную Программу

Всему этому вы можете научиться на первом курсе Международной Школы Реклайфинга Нехамы Мильсон.

Тех, кто принял РекЛайфинг как форму взаимоотношений с Миром, и мечтает помогать людям становиться счастливее, мы ждем на втором курсе Школы. Здесь происходит обучение на диплом Мастера РекЛайфинга. На втором курсе будущие

Нехама Мильсон

Мастера также изучают авторские целительские методики Нехамы Мильсон - **OrTahor** и **RecLife in Touch**

    * *__OrTahor__ (Чистый Свет) — особый метод энергетической коррекции, основанный на подключении к собственному индивидуальному источнику Энергии Света, Любви и Исцеления.*

    * *__RecLife in Touch__ (восстановление жизни касанием) - микст специальной массажной техники с элементами психотерапии*

СЛУЧАЙ ИЗ ПРАКТИКИ (RECLIFE IN TOUCH)

Что бы вы сказали, услышав от вполне благополучной на вид женщины фразу: "Помогите мне, я не люблю своего сына!"?

Лена не легко шла к этой консультации. 16 лет она мучилась и мучила сына, пока не призналась себе в этой страшной тайне. И растерялась... 16 лет она растила Гошку, заботилась о нем, воспитывала, плакала из его постоянного не послушания, ругала. И вот, осознала... Не люблю. Рада, когда он уходит с друзьями из дома, вздыхаю с облегчением, когда уезжает на выходные.

- Гошка с рождения был проблемным ребенком, – рассказывает мне Лена, – тяжелая беременность, полная страданий и осложнений, тяжелые осложненные роды. Родился слабым, с недоразвитыми легкими, несколько дней не брал грудь, когда, наконец, взял, молока уже не было. После родов я тяжело болела. Год почти не вставала с кровати, сейчас я понимаю, что это была послеродовая депрессия... А тогда, просто не было сил встать. Малышом занималась старшая дочка. В полугодовалом возрасте заболел самым банальным гриппом, высокая температура, судороги, остановка дыхания, реанимация. Жизнь разделилась на "до" и "после"... После была страшная аллергия на все виды пищи, астма, бессонные ночи, бесконечный страх. Я не знаю где и когда я допустила роковую ошибку... Когда стала ему плохой матерью. Ведь со старшей дочерью у нас близкие и нежные отношения. Уже с 4-х лет он стал изводить меня. В любом детском учреждении он выбирал для дружбы самых оторванных детей, меня без конца вызывали в садик, а потом в школу. Отказ выполнять задания, драки, воровство, хамство, по отношению к учителям. Все мои попытки воспитывать его упирались в его суперобаятельные глаза: "Мамуленька, я больше не буду, я люблю тебя, я все понимаю", и все начиналось снова. Он не останавливался не перед чем, моя тяжелая болезнь, слезы, просьбы, наказания, ничего не действовало. К 6-му классу его выгнали из всех окрестных школ. Когда подрос, стал воровать дома. Иногда последние деньги. И видя меня, бьющуюся в истерике от ужаса, что это МОЙ СЫН так со мной поступает, он клялся: "Мама, я найду *того, кто украл! Я его убью, мама, но верну деньги". Мне казалось, он посвятил свою жизнь тому, чтобы отомстить мне за что то, о чем я не догадываюсь. Я много думала, пыталась понять, найти выход, и вот страшный вывод, к которому пришла. Я не люблю его. Я не могу жить дальше с этим кошмаром в душе, спасите меня!*

Лена очень не здоровый человек, сложно разобраться в этом клубке психосоматики, поэтому я решаю применить RecLife in Touch. На кушетке, во время сеанса, выясняется явная связь между физическим ощущением болезненной, холодной пустоты в груди при мысли о сыне, с подобным же ощущением, возникшим в момент первой остановки дыхания у Гоши в полугодовалом возрасте. Дальнейший анализ обнаруживает, что сходные ощущения возникали каждый раз, когда Гоша плохо себя вел, и сопровождались мыслями о своей вине и ощущением безысходности. Тело Лены на эти воспоминания реагирует спазмом в межлопаточной области и появлением энергетического провала в области крестца.

На фоне расслабляющего массажа реактивных зон и энергетической коррекции, я возвращаю Лену в травматическое воспоминание, прошу не блокировать свои эмоции, обещаю поддержку и помощь. Она начинает описывать свои чувства. Слезы льются потоком, трудно понять сбивчивую речь. И вот, наконец, я слышу фразу, ради которой начала нелегкий сеанс.

- Я не переживу его смерти, не переживу, мое сердце разорвется, лучше бы я не хотела так сильно родить этого ребенка, лучше бы мне не любить его, что бы не умереть от горя, когда у меня заберут его...

Плачет Лена, плачу я... Я за много лет работы так и не научилась, не ощущать боль своих пациентов. И, как обычно, этот мой непрофессионализм помогает мне в диагнозе. Становится явной причина тяжелого заболевания сердца у 40 летней женщины.

Я осторожно возвращаю пациентку в "здесь и сейчас"

-Леночка, милая, ты заблокировала поток Любви к сыну... из за чрезмерной к нему любви! Ты прекрасная Мать, своей Любовью, ты вытащила его тогда, но ты сама не справилась со своей болью и страхом. А он, ребенок, всю свою жизнь пытался пробить этот блок и добыть, хотя бы силой, Мамину Любовь. Девочка моя, Гоша жив, здоров, все позади. Он

РекЛайфинг - возроди себя к жизни!

крепкий парень, а астма пройдет, когда ты обнимешь его с любовью. Пусти свою Любовь на волю. Возьми на руки маленького Гошку, прижми его к телу, все в порядке, он жив, он с тобой. Вот он идет в первый класс, маленький, с огромным букетом... какие цветы у него были? Ты можешь, можешь вспомнить, ну постарайся!!! Гладиолусы? Да, действительно уморительная и трогательная картина. Маленький, ушастый Гошка с огромным букетом гладиолусов. Первая сигарета? Обними его, скажи, что тебе нравится, что он уже взрослый, наполни его легкие любовью. Я не знаю, бросит ли он курить от этого, но вы оба станете счастливее. Расскажи ему, как ты его любишь.

И снова поток слез, и поток слов. Но в этот раз тело расслабленно, аура выровнялась, светится нежнозеленым цветом, пульсирует сердечная чакра.

Через два месяца Лена с Гошей приходят на прием вместе. Она помолодевшая, с радостными глазами, он смотрит на маму с любовью и восхищением. Гоша учится в вечерней школе, догоняет школьную программу, увлекся танцами и психологией. Лена не принимает лекарства, сердечных приступов больше не было.

- Мы не можем наговориться, Боже правый... сколько же мы упустили

- Я никогда не думал, что можно так дружить с мамой!!!

Happy End? Нам с Леной еще предстоит большая работа. Нужно найти причину, которая запустила именно такую реакцию на болезнь сына, нужно найти и снять множество эмоциональных блоков, возникших вокруг болезненной ситуации, нужно научится управлять свободным продвижением энергии между этажами личности, направлять поток Любви с Уровня Духовности на Ментальный уровень. Дорогу осилит идущий. Первый, самый сложный и самый важный шаг сделан.

ПОМОЩЬ МАСТЕРА РЕКЛАЙФИНГА

Как вы уже поняли, РекЛайфинг, по большому счету, является восстановлением потока любви, нисходящего от Творца, через нашу Душу на более низкие уровни – уровень разума, чувств и физический уровень. Для того чтобы починить поломки, возникшие на различных уровнях нашей личности и препятствующие прохождению этой энергии, нужно прежде определить места блоков. Это было бы не легкой задачей, если бы Мастер Реклайфинга пользовался только информацией, полученной от пациента словесно. Ведь эта информация искажена наличием эмоционально-ментальных блоков, она, как правило, формируется на неосвещенных участках разума.

В диагностике проблемы нам помогают специальные инструменты. Такие, например, как психофизическое зеркало. Это отражение духовных и эмоциональных процессов, происходящих в течение всей жизни на форме тела и лица человека, привычных позах и жестах. Элементом психофизического зеркала является и речь. Привычные словечки, поговорки, тон речи, голос. Обладая знаниями и опытом в области выявления психофизических зеркал, Мастер Реклайфинга, уже при первой встрече, а иногда и по фотографии (что, конечно, несравненно сложнее) способен определить основные психические травмы, полученные человеком в детстве, физические проблемы, и жизненные программы, причиной которых они являются. Вербально полученная информация, кроме подтверждения, и коррекции полученных данных, добавляет понимание эмоционального окрашивания воспоминаний и установок.

Таким образом, в процессе сеанса мы приходим к пусковому механизму жизненной программы. Как правило, первичный запуск происходит в детстве, и потом, на протяжении всей жизни, только подкрепляется и подтверждается новыми и новыми ситуациями и реакциями.

Я всегда сравниваю внутренний мир человека с дворцом. Огромный дворец с огромным количеством комнат. В каждой комнате живет воспоминание, мысль, установка, событие. Чем больше во дворце закрытых комнат, тем темнее в нем жить. Что бы сделать свой дворец светлым и радостным, нужно открыть все двери, выпустить на свободу, заключенные там без вины страхи, обиды, боль, осветить их потоком Любви и Понимания. Каждая открытая комната добавляет света во дворце.

Но сделать это в одиночку сложно и страшно. Мастер Реклайфинга помогает человеку открывать двери прошлого. Он, будучи задействованным, но все же сторонним наблюдателем, стоит рядом, вооруженный «фонариком любви». Он поддерживает своего пациента в момент встречи со своей давней болью, помогает осознать ее причину, рассмотреть ее с точки зрения Любви и Принятия.

Когда большинство (или все) комнат открыто, и дворец освещен, пациент в состоянии продолжить работу самостоятельно. Он получает рекомендации о чистке всех четырех уровней личности (физическом, эмоциональном, ментальном и духовном), и инструменты для запуска новой, целебной программы. Эта работа продолжается 3 недели, в течение которых Мастер продолжает поддерживать своего пациента на расстоянии с помощью энергетического потока Ор Тагор (Чистый Свет), который, по сути, является потоком Света Любви.

На протяжении 3 недель чистки, могут происходить различные кризисные ситуации, которые надо воспринимать, как позитивное, целебное явление. Часто избавление от страхов, сопровождается выходом камней из почек, отпускание прошлых обид – поносом и рвотой, освобождение от негативных ментальных установок – головной болью.

Мощным вспомогательным инструментом в этот период, оказывается целебная музыка и целебные притчи или сказки. Мастер Реклайфинга пишет сам, или передает энергетическую модель сеанса (не конкретную ситуацию!!!) композитору и/или писателю, и, тогда пациент получает звуковой или вербально закодированный талисман, идеально подходящий ему лично, совпадающий с ним по вибрациям.

Так восстанавливается поток Свет Любви. Душа начинает беспрепятственно передавать разуму и чувствам истинную информацию. Человек становится способным принимать верные, самые оптимальные решения, он реагирует на все события с позитивом, его физическое тело становится здоровым и сильным, к нему приходит хорошая работа, деньги, преданные друзья, радостные события.

Результатами реальных сеансов Реклайфинга были появление долгожданного ребенка в бездетной семье, излечение от мочекаменной болезни, освобождение от «семейного проклятья», восстановление добрых отношений в семье, члены которой не общались многие годы, исцеление от многолетней мигрени, решение многих запущенных до безнадежности бюрократических ситуаций, и многое другое.

Для записи на консультацию Мастера Реклайфинга, приготовьте несколько своих фотографий, в полный рост, и, хотя бы одну, где хорошо видно лицо. Опишите свою проблему, свое отношение к ней, и, что было предпринято прежде для ее решения. Ответьте на следующий вопросник.

1. Вы выросли в полной семье? Если нет, то с кем вы жили в детстве, и почему?

РекЛайфинг - возроди себя к жизни!

2. Сколько было детей в семье, который Вы по счету?
3. Чем занималась Ваша мама?
4. Чем занимался Ваш папа?
5. Что Вы можете рассказать о своих отношениях с отцом?
6. Что Вы можете рассказать о своих отношениях с матерью?
7. Какими 5 словами Вы можете описать свою мать
8. Какими 5 словами вы можете описать своего отца?
9. Кто был наиболее значимым человеком для Вас в детстве?
10. Если это не родители, то какими 5 словами Вы можете описать этого человека?
11. Какие 3 ситуации Вы абсолютно не переносите?
12. Какие 3 качества в людях раздражают или огорчают Вас больше всего?
13. С каким литературным героем Вы себя ассоциируете?
14. Какими 10 словами Вы бы могли описать свою сегодняшнюю ситуацию.

Для записи на консультации писать по адресу: *admin@reclifing.com*

ОТЗЫВЫ УЧЕНИКОВ МЕЖДУНАРОДНОЙ ШКОЛЫ РЕКЛАЙФИНГА НЕХАМЫ МИЛЬСОН

ВМЕСТО ПОСЛЕСЛОВИЯ. ИТОГИ ПОСЛЕ ПЕРВОГО БЛОКА

Elena D'Alfonso - 3\07\2013

Первый раз я познакомилась с понятием Реклайф зимой прошлого года. Получила очередную рассылку от Эльфики, а там была притча от доктора Нехамы. Затем последовало первое знакомство. Первый вводный вебинар, на котором было всего 2 человека. Нехама рассказывала о своем методе, о четырех уровнях бытия, так называемых этажах, а я на тот момент просто пыталась хоть что-то отложить в голове. Все казалось одновременно и понятно, и непонятно. В итоге мне этого противостояния в моей голове, я заинтересовалась школой.

После вебинара я еще некоторое время озадачивала доктора Нехаму своими болячками, отвечая на вопросы, пыталась сопоставить факты и события из прошлого, и одновременно не до конца понимала связь между событиями и болезнями. Фактически, первый в моей жизни я делала Реклайфинг себе.

На входе основными причинами были

РекЛайфинг -
возроди себя к жизни!

гинекология, желудок, аллергия (вот пишу это слово сейчас, а в голове мысль " я не чувствую ее больше в своем организме") и метеоризм.

На данный момент ситуация с поликистозом яичников значительно улучшилась, с ЖКТ немного сложнее, там работы больше и она продолжается, метеоризм беспокоит меньше.

После первого блока Реклайфинга я стала более осознанной, пониманию и принимаю все, как должное, как уроки, задачи, опыт. Я научилась быть благодарной Творцу за все, что есть и на данный момент нет в моей жизни. Я научилась выявлять и сопоставлять причины проблем и их следствие на физическом уровне. Я открыла в себе творческие способности и начала писать, мой муж написал свою первую книгу (под моим влиянием), я могу делать Реклайфинг окружающим. Я научилась самостоятельно работать с эмоциями, а не бежать каждый раз в панике к Нехаме) Именно поэтому, когда она спрашивает "Кому я нужна лично?", я понимаю, что могу сама справиться и разобраться в каких-то текущих ситуациях. Ее вмешательство требуется в особенных случаях).

Моя жизнь изменилась, потому что я стала новой. Все теперь стало как-то просто решаемо, появилась еще большая зрелость и мудрость. Я интуитивно чувствую, как что-то новое и очень важное формируется и вот-вот *случится. При этом я стараюсь жить в сейчас, минимизировать рассуждения типа "если бы я в прошлом сделала то-то и то-то...". Я поступила так, как поступила, а сейчас у меня есть достаточно мудрости чтобы жить счастливо в настоящем.*

Я бы хотела отметить еще одно очень важное для меня изменение. Я более глубоко стала чувствовать и понимать православие. наверно, пробила засор между 3 и 4 уровнем).

Я не могу сейчас ответить однозначно на вопрос стоит ли мне в данный момент идти на второй блок целительства. Я еще не до конца разобралась с собой, есть блоки и есть над чем работать самой. Я пока не могу сопоставить то, что я, будучи на данный момент несовершенным тренером, буду лечить и учить. Я несу за пациентов ответственность, от меня будет зависеть их прогресс или регресс. Знаю, что мне есть, что сказать, но в данный момент очень громко высказывается мой перфекционизм.

Я считаю, что материал был подан очень интересно, мне было все понятно. Единственное, что стоит сделать-это переписать уроки, сделать более качественное видео без технических проблем. Хотя, они будут другими, наверно, не такими спонтанными, эмоциональными. Могу сказать, что наша группа студентов была особой, первой, мы подружились.

РекЛайфинг - возроди себя к жизни!

Я считаю, что Реклаифингом могут заниматься те, кто готов принять и осознать, что он ответственен за свою жизнь, что он вполне может ее изменить, вылечить себя, кто в принципе готов к изменениям, готов начать принимать и отдавать любовь в мир. Готов к этой сложной духовной работе. Готов встретиться с самим собой.

Первый раз я познакомилась с понятием Реклайф зимой прошлого года. Получила очередную рассылку от Эльфики, а там была притча от доктора Нехамы. Затем последовало первое знакомство. Первый вводный вебинар, на котором было всего 2 человека. Нехама рассказывала о своем методе, о четырех уровнях бытия, так называемых этажах, а я на тот момент просто пыталась хоть что-то отложить в голове. Все казалось одновременно и понятно, и непонятно. В итоге мне этого противостояния в моей голове, я заинтересовалась школой.

После вебинара я еще некоторое время озадачивала доктора Нехаму своими болячками, отвечая на вопросы, пыталась сопоставить факты и события из прошлого, и одновременно не до конца понимала связь между событиями и болезнями. Фактически, первый в моей жизни я делала Реклайфинг себе.

На входе основными причинами были гинекология, желудок, аллергия (вот пишу это слово сейчас, а в голове мысль " я не чувствую ее больше в своем организме") и метеоризм.

На данный момент ситуация с поликистозом яичников значительно улучшилась, с ЖКТ немного сложнее, там работы больше и она продолжается, метеоризм беспокоит меньше.

После первого блока Реклайфинга я стала более осознанной, пониманию и принимаю все, как должное, как уроки, задачи, опыт. Я научилась быть благодарной Творцу за все, что есть и на данный момент нет в моей жизни. Я научилась выявлять и сопоставлять причины проблем и их следствие на физическом уровне. Я открыла в себе творческие способности и начала писать, мой муж написал свою первую книгу (под моим влиянием), я могу делать Реклайфинг окружающим. Я научилась самостоятельно работать с эмоциями, а не бежать каждый раз в панике к Нехаме) Именно поэтому, когда она спрашивает "Кому я нужна лично?", я понимаю, что могу сама справиться и разобраться в каких-то текущих ситуациях. Ее вмешательство требуется в особенных случаях).

Моя жизнь изменилась, потому что я стала новой. Все теперь стало как-то просто решаемо, появилась еще большая зрелость и мудрость. Я интуитивно чувствую, как что-то новое и очень важное формируется и вот-вот случится. При этом я стараюсь жить в сейчас, минимизировать рассуждения типа "если бы я в *прошлом сделала то-то и то-то...". Я поступила так, как поступила, а сейчас у меня есть достаточно мудрости чтобы жить счастливо в настоящем.*

Я бы хотела отметить еще одно очень важное для меня изменение. Я более глубоко стала чувствовать и понимать православие. наверно, пробила засор между 3 и 4 уровнем).

Я считаю, что материал был подан очень интересно, мне было все понятно. Могу сказать, что наша группа студентов была особой, первой, мы подружились.

Я считаю, что Реклаифингом могут заниматься те, кто готов принять и осознать, что он ответственен за свою жизнь, что он вполне может ее изменить, вылечить себя, кто в принципе готов к изменениям, готов начать принимать и отдавать любовь в мир. Готов к этой сложной духовной работе. Готов встретиться с самим собой

Нехама Мильсон

ПО ОКОНЧАНИИ ПЕРВОГО КУРСА

Светлана Злобина 27.06. 2013

Я пришла к Доктору Нехаме с кучей проблем, неразрешенностей, болячек. Волшебства не случилось... сразу. Я так хотела, чтобы волшебница взмахнула своей палочкой и все решилось бы само собой: проблемы превратились в праздники, вопросы нашли свои ответы, болезни ушли, тело исцелилось, отношения в семье стали родственными... Но чуда не произошло. Было время, были уроки, задания, работа с собой и над собой. Иногда хотелось все бросить, казалось, ничего не меняется. Были слезы, боль, истерики, желание бросить все и опустить руки.

НО всегда в эти моменты была рядом Доктор Нехама. Другие ученики зовут ее просто Нехама, а мне греет сердце именно – Доктор Нехама. Ее слова, сказанные вовремя, лучик любви, который освещал путь, помогали, направляли.

Вся теория, которая была дана на курсе, прошла через меня:

РекЛайфинг -
возроди себя к жизни!

· испытала на себе чистку жизненного пространства и себя,

· прошла переход с одного уровня на другой

· переживания ушедших «за баню»

· радости принятия себя

· счастье рождения любви

· труд и радость принятия родных

· неземное счастье от восстановления семьи

· и много чего еще со мной произошло за последние полгода!

Полгода! Много это или мало? Это полгода моей жизни. Полгода, которые изменили мою жизнь. Хотела сказать, перевернули. Но это не правильно. Жизнь моя не перевернулась, а мягко сменила направление. И меняла направление я сама под руководством Учителя моего. Я сама! И теперь сама же могу рулить своею жизнью. Не надо никаких палочек: ни стимулирующих, ни волшебных. Я сама теперь могу выравнивать направление моей жизни.

Спасибо, Доктор Нехама! Теперь я смело могу сказать: и я вас очень люблю! Я люблю тебя, жизнь моя!

Возьмете меня с собой в дальнейший путь? Я готова!

ОТЗЫВ ОТ УЧЕНИЦЫ НЕХАМЫ МИЛЬСОН ГАЛИНЫ БУШУЕВОЙ.
1.09.2013

Нехама - моё удивительное , счастливое открытие
Я впервые встретила человека, сумевшего из огромного множества прекрасных и известных миру теорий , выкристаллизовать собственное учение, доказав на практике его жизнеспособность.

А в жизни она любящая мама пятерых детей и счастливая жена.
Она жизнерадостна, энергична и неуёмна, её сердце переполнено любовью.
Она умеет задавать сложные вопросы и давать на них простые ответы. Она щедро делится своими знаниями с учениками, стремясь заполнить любовью этот мир.

Я думаю, такие встречи посылает небо. С первых минут виртуального знакомства я уяснила две важных для себя вещи:
1. Никогда не спрашивай :" за что мне это?" спрашивай: " для какого моего блага мир

РекЛайфинг -
возроди себя к жизни!

посылает мне эту ситуацию?"
2."Счастье" - это не существительное. Это глагол. Действовать мы можем только в настоящем. Ни в прошлом, ни в будущем. Значит счастливы мы можем быть только здесь и сейчас, активно действуя.

Осознание этого уже начало менять мою жизнь, а открытия продолжаются...
В каждом уроке, в каждом вебинаре, в прочитанной сказке нехамы меня ждут счастливые удивления.
Я меняю свой мир осознанно и без насилия над собой. И мне это так нравится. Я в начале пути. Но для меня "реклайфинг" - счастливое и уже родное слово.
хотите поменять свою жизнь? присоединяйтесь.)))"

РекЛайфинг это стиль жизни, способ взаимодействия с миром.

РекЛайфинг это множество счастливых людей в разных странах

РекЛайфинг это практическая помощь Мастера.

РекЛайфинг это Школа Нехамы Мильсон, которая, благодаря современным технологиям on-line обучения связывает учеников со всего мира.

РекЛайфинг это книги Нехамы Мильсон, сборники целительских сказок-притч, книги о семейном счастье, знакомстве с будущей половинкой, воспитании детей.

РекЛайфинг это on-line и "живые" тренинги школы:

ЛЮБОВЬ НА ЗАКАЗ

6-тидневный тренинг.

Мы гарантируем вам, что после нашего тренинга, вы будете точно знать, кого ищете, почему именно его, и где он вас ждет. После этого – только пойди, по указанному адресу, кинь взгляд, и полюби «с первого взгляда и на всю жизнь»!

"СЧАСТЛИВАЯ СЕМЬЯ ЗА 21 ДЕНЬ"

Мастер-класс для мудрых женщин.

"...Я совершенно точно знаю, что если вы когда-то выбрали друг друга, прожили вместе какое-то время, то почти нет причин, по которым мы с тобой не сможем построить из имеющегося материала счастливую семью! .."

"ВОСПИТАЙ ЕМУ РОДИТЕЛЕЙ"

"...Имеет смысл начать готовить своих детей к успешной и счастливой жизни уже сейчас! Как? Воспитай им родителей. Будущее ребенка в большой степени зависит от родителей. Стань таким родителем, который сможет обеспечить своим детям самое лучшее, самое светлое, самое счастливое будущее...". Наши дети зачастую мудрее, талантливее, свободнее нас. Общение с ними может сделать нас счастливее. Наше родительское счастье может сделать их успешнее.

В ЗДОРОВОМ ДОМЕ - СЧАСТЛИВАЯ СЕМЬЯ.

Можно лечить болезнь, можно лечить больного, можно лечить причину заболевания, или не допускать его появления в жизни. А можно жить в Мире, где нет места самому потенциалу болезни.

ИДЕЯ. ПУТЬ. РЕЗУЛЬТАТ.

Мы дадим тебе крылья и научим летать. С этого момента все будет зависеть только от твоего желания!

Тренинг впервые был проведен для команды одной из МЛМ фирм г. Иркутска. Результаты были взрывными! Уже во время тренинга повысились продажи, у членов команды появился особый драйв.

РекЛайфинг -
возроди себя к жизни!

Материалы тренингов можно купить в нашем он-лайн магазине (заказ по store@reclifing.com). Если вы хотите стать организатором одного из тренингов в вашем городе, свяжитесь с нами по admin@reclifing.com

ТЕСТ «НАСКОЛЬКО ТЫ СЧАСТЛИВ?»

1.   Ты встаешь утром отдохнувшим и полным радостных планов

2.   Ты любишь свою работу

3.   Ты покупаешь все, чего тебе хочется

4.   Ты любишь свой дом

5.   Рядом с тобой любимый человек

6.   Ты доволен своими семейными взаимоотношениями

7.   У тебя есть близкие друзья

8.   Ты абсолютно здоров

9.   Все люди вокруг тебя счастливы и здоровы

10.   У тебя столько денег, сколько ты хочешь иметь

11.   Ты состоялся в каком-либо виде творческой деятельности

Если ты ответил НЕТ хотя бы на один вопрос, тебе имеет смысл задуматься об обучении в Международной Школе РекЛайфинга Нехамы Мильсон! Наши выпускники говорят ДА!

РекЛайфинг -
возроди себя к жизни!

Мы будем рады услышать ваши мысли, отзывы, историю счастья, ответить на любые вопросы, помочь в любой затруднительной ситуации.

НАС ЛЕГКО НАЙТИ.

www.reclifing.com

e-mail: admin@reclifing.com

skype: RecLife4

Facebook: RecLife

Odnoklassniki.ru: группа RecLife

Нехама Мильсон

ОГЛАВЛЕНИЕ

РекЛайфинг -
возроди себя к жизни!